Josef Goldbrunner

Die Lebensalter und das Glaubenkönnen

Anregungen für das Christenleben

Herausgegeben von Josef Goldbrunner

Josef Goldbrunner

Die Lebensalter und das Glaubenkönnen

Verlag Friedrich Pustet Regensburg

Hertha Holzheimer zum Dank
für 25 Jahre Mitarbeit

ISBN 3-7917-0369-2

Gesamtherstellung Courier Druckhaus Ingolstadt
Printed in Germany 1973

Inhaltsverzeichnis

Vorwort

Die Pastoraltheologie soll dem Seelsorger die Früchte der wissenschaftlichen Arbeit vermitteln, und dies in allgemein verständlicher Sprache und leicht eingängigem Stil, so daß der Inhalt sogar in »Kurzformeln« zusammengefaßt und überblickt werden könnte. Überblicke zeichnen die Hauptlinien aus, weisen auf das Typische, Allgemeingültige hin; sie gehen dagegen nicht auf jedes Detail ein, was keineswegs Simplifizierung, sondern Beschränkung auf das Not-wendige bedeutet. Der tägliche Andrang der Seelsorge verlangt danach. Der Text soll der eigenen Information dienen, aber auch leicht zu Vorträgen in religiöser Erwachsenenbildung verwendet werden können. (Deshalb sind Schemata für das Tafelbild – das während des Vortrages entsteht – mitgegeben sowie allgemeinverständliche Bilder und Vergleiche gewählt.)

Darüber hinaus wendet sich dieses Büchlein an alle, die daran interessiert sind, was sie in ihrer eigenen Entwicklung vom Leben erwarten können. Wen zum erstenmal die Frage nach seinem eigenen Werdegang und seinen inneren Möglichkeiten bedrängt, der findet hier eine Landkarte, auf der die wichtigsten Wegkreuzungen eingezeichnet sind. Die Sprache der Überlegungen ist so gewählt, daß sie ein langsames, besinnliches Lesen erfordert, aber dann leicht verständlich wird, besonders wenn dauernd der Vergleich mit eigener Lebenserfahrung mitläuft.

Ein kurzes Wort zum theoretischen Hintergrund folgender Seiten, deren Anliegen ein allgemeinmenschliches und ein christliches ist. Anthropologie als Sammelbecken einer Lehre vom Menschen bedient sich heute vor allem zweier Hilfswissenschaften, der Soziologie und der Psychologie. Die Soziologie ist den gesellschaftlichen Beziehungen zugeordnet, die Psychologie (mit Einschluß der Tiefenpsychologie) dagegen dem individuellen Leben. Letztere steht daher dem Glaubensleben näher, da Glaube im Individuum entschieden wird. Die Lebensalter können demgemäß von *außen* her untersucht werden, das ist soziologisches Bemühen. Dann kommt heraus, wie die Gesellschaft heute z. B. mit der veränderten Alterspyramide umzugehen hätte[1]. Ein anderer Zugang eröffnet sich durch die Tiefenpsychologie, die die Lebensalter von *innen* heraus zu verstehen versucht und damit die Möglichkeit zu größerem Selbstverständnis und zugleich seelsorgerlicher Arbeit bietet. Dem Leser soll hier gezeigt werden, wie er die Fragen bei seiner Reise durch die Lebensalter deuten kann, denn damit kann er sich und anderen helfen.

Eine besondere Vorbemerkung zur letzten Altersstufe. Jedermann weiß von deren Beschwernissen zu berichten, und die Bücher sind voll davon. Hier soll von ihren guten Möglichkeiten gesprochen werden, die ebenso erfahren werden können, wie sie auch wesentlich zum Menschen gehören. Dieser Blickpunkt ist besonders wichtig für jüngere Leser. Sie können nicht früh genug anfangen, sich für ihre Reise durch die Lebensalter zu interessieren und sich seelisch darauf einzuüben.

[1] Vgl. dazu *Franz Pöggeler,* Die Lebensalter, Mainz 1973.

1. Die drei Ebenen des Alterns

Das Altern entfaltet sich in drei Dimensionen: Die biologische Lebensbewegung als die zwingende Antriebskraft – die Selbstentfaltung als Aufgabe sich selbst gegenüber – die Weltbezogenheit als Grundlage der Tätigkeit in der Menschheit. Alle drei Dimensionen wirken sich auf das Glaubensleben aus, nicht nur in dem Sinn, daß mit zunehmender Reife mehr Einsicht in die Glaubenslehre zu erwarten ist, sondern so, daß die Natur den Wahrheiten entgegenwächst und sie Grundlage wird zum Glaubenkönnen. Den Altersstufen sind bestimmte Glaubenslehren zugeordnet, die dann nicht nur gelernt, gewußt und geglaubt, sondern realisiert werden können. So hilft der Überblick über die Altersstufen dem Menschen, den Kosmos der Lebensalter mit seiner Religiosität zu koordinieren. Er verhindert aber auch, daß von einer Stufe etwas verlangt wird, was sie nicht, noch nicht oder nicht mehr leisten kann.

Der biologische Motor treibt den Menschen unweigerlich und instinktiv von Altersstufe zu Altersstufe und stellt dem Bewußtsein Aufgaben der Stellungnahme. Die bewußte Beeinflussung kann zwar stören; die Erscheinungen des Infantilen, des in der Pubertät steckengebliebenen puer aeternus, des Don Juan, des frühreifen, altklugen Kindes, des künstlich auf Jugendlichkeit präparierten Überreifen usw. sind oft genug Ursachen für religiöse Schwierigkeiten. Die

Entsprechung von seelischer Haltung und biographischem Alter dagegen, die Übereinstimmung zwischen Sollen und Sein, schafft die Grundlage für das bessere Verstehen wie für die innere Verwirklichung der Glaubenswahrheiten. Die bewußt erarbeitete Haltung zum jeweiligen Alter kann daher sowohl das Wachstum fördern wie Hilfe für die Realisation des Christlichen sein.

2. Die Altersstufen

Folgender Gang durch die Altersstufen legt sein Hauptinteresse nicht auf die entwicklungspsychologischen Einzelheiten[2], sondern auf die Zusammenschau aller Altersstufen, um den Blick zu bekommen für das Zueinander von Ausreifen der menschlichen Natur und der Vertiefung des Glaubens. Hier gilt, daß das Aufblühen des Humanum (der menschlichen Natur) beim Gang durch die Altersstufen die Voraussetzung für die zunehmende Realisation des Christlichen sei, für ein Wachsen im Glaubenkönnen.

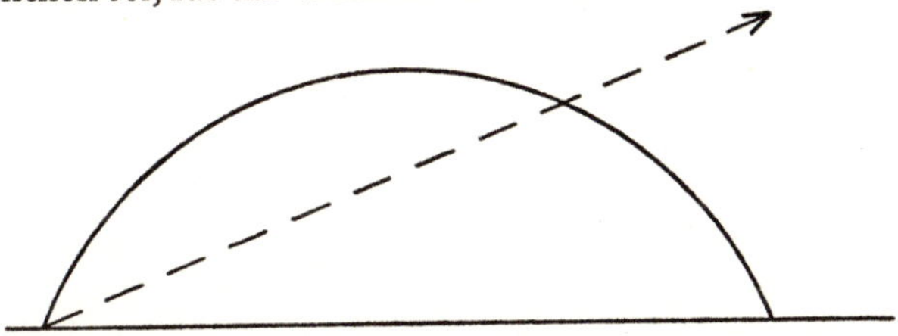

[2] Hierüber geben für das Kind- und Jugendalter am besten Aufschluß: *Heinz Remplein,* Die Entwicklung des Menschen, München [7]1958; *Theoderich Kampmann,* Jugendkunde und Jugendführung, München 1966.
Pädagogik, auch Religionspädagogik, bleiben meistens stecken bei der Psychologie der Kindheit und des Jugendalters; verständlich, weil der Pädagoge mit ihnen arbeitet. Glaube und Christentum sind aber zunächst dem erwachsenen Menschen zugeordnet – von der Einsicht in das volle Ganze erst kann religionspädagogisch auf die religiösen Möglichkeiten der Kinder und Jugendlichen zurückgeschlossen werden. Seelsorglich ergeben sich daraus Konsequenzen für die Arbeit am »Alterskosmos« einer Pfarrgemeinde, wie für den Religionsunterricht.

Der Gang durch die Altersstufen verbindet die biologische Linie des aufsteigenden und sich wieder senkenden Bogens mit der geistigen Bewegung des aufsteigenden Pfeiles, der die Selbstentfaltung des Humanum bis zur Fülle im Alter erkennen läßt.

Das Schema der Altersstufen folgt einer alten klassischen Tradition[3] mit fünf Altersstufen zu je 14 (= 2 × 7) Jahren.

1–14	Kindheit
14–28	Jugendzeit
28–42	junge Manneszeit
42–56	Reife
56–	Alter[4]

Obzwar die Zahlen als Orientierungspunkte individuell immer mehr oder minder gelten, so sind doch zwei in unseren Zeiten einer großen Veränderung unterworfen – die Übergänge bei 14 und 56. Die Akzeleration verlegt die normalerweise bei 14 sich vollziehende Alterskrise, Pubertät genannt, vor, und zwar in ungleichem Rhythmus des leiblichen und geistigen Wachstums. Die leibliche Entwicklung tritt manchmal schon mit 10 Jahren ein, die geistige jedoch zieht sich länger hinaus, was eine sexuelle Wachheit ohne die entsprechende steuerungsfähige geistige Haltung verursacht. Die sittliche Beurteilung

[3] Vgl. zum Ganzen: *Hans Künkel,* Die Lebensalter, Konstanz [2]1957; *Romano Guardini,* Die Lebensalter, Würzburg o. J.; *Jolande Jacobi,* Der Weg zur Individuation, Zürich 1965, S. 12 bis 20.

[4] In der lateinischen Tradition heißt diese Altersstufe senectus = Greisenalter. Weil durch eine Bedeutungsverschiebung unter »Greis« heute nur die letzte Phase der »Vergreisung« verstanden wird, sei für die ganze Lebensstufe der allgemein verständliche Begriff »Alter« gewählt.

müßte deshalb auf das Maß der Verantwortungsfähigkeit besonders achten.

Sosehr der Wendepunkt bei 14 Schwierigkeiten in der religiösen Erziehung verursacht, so angenehm wird die andere Veränderung bei 56 empfunden, welche in der Gegenwart so hinausgeschoben wird, daß eine soziologische Veränderung am »Körper« der menschlichen Gesellschaft festzustellen ist.

Während vor 100 Jahren (1850) eine Statistik das durchschnittliche Lebensalter des Europäers mit 35 angab, ist heute die durchschnittliche Lebenserwartung um 100 % auf 70 Jahre gestiegen. Die Ursachen sind im zivilisatorischen Leben und dem Fortschritt der Medizin zu suchen. Die Folge ist eine Verlängerung der reifen Manneszeit und Hinausschiebung der als die »große Alterskrise« bekannten Wende bei 56[5].

Die Beschreibung der charakteristischen Züge der einzelnen Altersstufen zeigt die zunehmende Entfaltung des Humanum zu immer größerer Menschlichkeit. Typische Aufgaben werden den Altersstufen gestellt. Sie sind gleichsam der Lebensstoff, mit dem der Christ sich den religiösen Antworten zuwendet. Es besteht daher eine Parallele zwischen dem »Lebensgefühl« der Altersstufen und dem Glaubenkönnen. Von ihrer Zuordnung zu wissen und sie entsprechend in der Seelsorge zu berücksichtigen, ermöglicht Verstehen und Verstandenwerden.

[5] Über die soziologischen Folgen dieser Verschiebung in der Alterspyramide der heutigen Gesellschaft gibt es eine Flut von Büchern, welche sich diesem neuen Zweig der Wissenschaft, Gerontologie genannt, zuwenden. Für viele Literatur mögen stehen: *Ernst Michel,* Der Prozeß »Gesellschaft kontra Person«, Stuttgart 1959, S. 215–246; Die Gerontologie, in: Der Großer Herder, Ergänzungsband II, Sp. 717–728.

3. Die Übergänge oder Alterskrisen

Von entscheidender Bedeutung für die Annahme der einzelnen Altersstufen ist das Durchstehen der Übergänge von einer Stufe zur anderen, Alterskrisen genannt. Die meist allein bekannte und sogenannte »Alters«-Krise beim Übergang zur letzten Stufe ist zwar die schwerste, aber auch die Übergänge bei 14, 28 und 42 sind Krisen mit allen Auswirkungen, Gefährdungen und Chancen (wobei die Übergänge bei 28 und 42 von den Geschlechtern verschieden erlebt werden). Die Pubertätskrise um 14 darf ebenfalls den Blick auf die Schwierigkeiten der anderen genannten Übergänge nicht verstellen.

Jedesmal handelt es sich um eine Krise mit bestimmten Stufen. Sie sind den Stadien der *Verpuppung* zu vergleichen: Die Raupe beginnt sich einzuspinnen. Es folgt die Zeit der Untätigkeit, von außen gesehen wirkt die Puppe wie leblos. Im Innern dagegen wachsen die Kräfte und das Neue. Im Verborgenen bereitet sich das Neue vor. Die neue Gestalt bricht durch den Kokon hindurch, und die alte Form wird verlassen. Die neue Lebensform, der Schmetterling, erprobt seine Kräfte und entfaltet sie zu neuem Leben.

Alle diese Elemente werden in Alterskrisen erlebt und sind ins Psychologische zu übersetzen: Eine innere Unruhe löst von der bisherigen Lebensform einer Altersstufe.

Es folgt eine Zeit der Untätigkeit, die erlebt wird als Ratlosigkeit mit sich selbst und der Welt. Man kennt sich nicht aus, verfügt über keine Entscheidungskraft, es ist, als wären die Energien vom Bewußtsein abgesogen. Die Orientierungslosigkeit kann wie eine Depression erlebt werden. Wie in der Verpuppung sind aber die Lebenskräfte im Innern tätig, die Energien sind ins Unbewußte abgesogen, »bei den Müttern«, dort bereitet sich das Neue vor. Wer durch bewußte Anforderung diesem inneren Werdeprozeß Kräfte entziehen würde, störte und verlangsamte das innere Geschehen, das heißt, der Erzieher müßte zum Beispiel während der Pubertätskrise seiner Anvertrauten deren Orientierungslosigkeit ertragen. Mehr oder minder plötzlich werden die gebundenen Kräfte frei und stehen dem Bewußtsein wieder zur Verfügung. Man kann handeln, wendet sich aber neuen Interessen und Aufgaben zu. Auch die Beziehungen zu den Menschen werden verändert. Entweder lösen sich Beziehungen (wie beim Eintreten in das Jugendalter die Kinderfreundschaften sich lösen), oder sie werden verändert (wie die Stellung zu den Erziehern nach der Pubertätskrise oder das Verhältnis der Ehegatten zueinander bei 28 oder 42). Das Aufgeben alter Bindungen ist wie das Verlassen des leeren Kokons, das Wegwerfen einer alten Haut. Sie wird von den andern als Untreue empfunden, wenn nicht das Neue gesehen wird und die bisherige Umwelt sich nicht mitentwickelt. Denn oft geht einer »voraus«, und die andern folgen nur langsam nach oder bleiben sogar stecken. Es ist das eine beständige Quelle von Leben, Veränderungen, Schwierigkeiten, Mißverständnissen und neuen Möglichkeiten in der menschlichen Gesellschaft. Das neue Lebensgefühl wird dann assimiliert, ein neuer Rhythmus erfüllt das Leben, die Gangart wird sicherer, die neuen Aufgaben werden angepackt. Ein verwandelter Mensch erscheint. Beim Vergleich von Kinder- mit Jugendbildern oder von Bildern der jungen Manneszeit mit der reifen Manneszeit überrascht rückblickend die Verwandlung. Jedesmal wird das Glaubenkönnen beeinflußt.

Das *Märchen* drückt die seelischen Krisen dramatisierend aus. Bei »Hänsel und Gretel« wird das Kind von der Hexe (der Bild gewordenen, gefährlichen, unbekannten und mit geheimnisvollen Kräften versehenen Zukunft) im Käfig gefangen; es kann nichts mehr tun nach außen hin, nur innerlich an Kräften zunehmen; die Hexe selbst sorgt dafür, daß es gekräftigt wird. Bis es stark genug ist und mit schwesterlicher Hilfe (nicht bräutlicher Hilfe! Der innerlich verwandte Mitmensch mit Rat und Tat ist gemeint) dem Käfig entflieht – in das neue Leben hinüberwechselt und die Hexe verbrennt, das heißt, die Gefahr ist bestanden.

Beide Vergleiche, die Verpuppung und das Märchen, geben Einblick in das seelische Geschehen während einer Alterskrise und vermitteln einen Eindruck von der Schwierigkeit der Aufgaben, die innerlich zu lösen sind.

Während die Menschen sich mit sich selbst nicht auskennen, könnte nun die religiöse Bindung Halt geben (so kann das bisweilen noch erlebt werden); oder aber das Religiöse wird selbst mit in den Strudel der Veränderungen hineingezogen (was heute meist der Fall ist). Der Seelsorger sollte verständnisvoll begleiten können. Sofern er vom Wesen der nächsten Altersstufe weiß und von den menschlichen und religiösen Schwierigkeiten des Übergangs, wird er voll Zuversicht auf die Reife warten und selbst eine zeitweise Ungläubigkeit nicht endgültig, sondern als Symptom einer inneren Krisis betrachten können.

Es werden nun im folgenden die einzelnen Altersstufen beschrieben, die Krisen in den jeweiligen Übergängen charakterisiert und die Konsequenzen für das religiöse Leben gezogen.

4. Die Kindheit

Die Kindheit von 1 bis 14 hat zwei Aufgaben zu lösen, eine nach außen und eine nach innen.

Zuerst die Aufgabe nach außen. Kinderstube und (mit dem Einschnitt bei 7) Schule helfen zur Einordnung in die Gesellschaft. Reinlich werden, gehen und sprechen lernen, richtig essen lernen, kurz, die gute Kinderstube integriert das Menschenkind in die primitiven Grundlagen des Zusammenlebens und befähigt es, über die Familie hinaus sich einzuordnen in die Gesellschaft.

Die Schule spricht die Bewußtseinskräfte an und trainiert sie im Lesen, Schreiben, Rechnen und übt die Gewohnheiten des zivilisierten Lebens ein. Man kann nie so gut kopfrechnen und auswendig lernen wie etwa mit 12 Jahren. *Denken* lernen, rein formal, das ist psychologisch die Hauptfunktion des Bewußtseins in dieser Zeit. In einer gut geführten Schulklasse kann durch Übung des sozialen Wohlverhaltens in gegenseitiger Rücksicht und Hilfe ein grundlegendes Gemeinschaftserlebnis bereitet werden. Es werden dadurch gleichsam die Geräte bereitgestellt für Aufgaben des Lebens, für den Verkehr der Menschen untereinander. Ein Bild dafür ist *Merkur*, der Götterbote. »Im 10. Lebensjahr regiert Merkur. Wie dieser bewegt sich der Mensch schnell und leicht, im engsten Kreise; er ist durch Kleinigkeiten umzustimmen; aber er lernt viel und leicht unter der Herrschaft des Gottes der Schlauheit und Beredsamkeit[6].«

Auch religiös wird das Kind in Bezüge eingeübt, in die Verbindung mit »oben«, es hört die biblischen Geschichten und lernt den Katechismus. Durch gläubiges Familienleben, lebendige Pfarrgemeinde und Schule wird das Kind in das christliche Gemeindeleben integriert, durch Übung und Mitgezogenwerden. Man sagt nicht »du mußt« oder »du darfst«, sondern »wir gehen zur Kirche«. Was es lernt, ist Material für die spätere Glaubensentscheidung; seine christliche Lebensform ist wie ein Gefäß, das bereitet wird, um später mit christlichem Leben aus eigener Entscheidung gefüllt zu werden.

Schwieriger aber ist die Aufgabe, welche das Kind nach innen hin zu leisten hat. Was die Psychologie des Kindesalters meist aufzählt, sind die Phänomene des äußeren Verhaltens. Diese aber sind die Symptome für das viel wichtigere innere Geschehen, das im Unbewußten oder am Rand zwischen Bewußtsein und Unbewußtem sich abspielt. Es ist das die Integrierung in die Entwicklung der Menschheit, in ihre Geschichte. Das Kind muß, wie Goethe, dieser Kenner des Humanum, sagt, von vorne anfangen und »die Epochen der Weltkultur«[7] – wie mit dem Zeitraffer – in 14 Jahren viele Jahrhunderte durchleben. Das ist eine große innere Anstrengung und Leistung. Folgende zusammengeraffte, dramatisierend und vergnüglich formulierte Darstellung gibt einen Einblick in den inneren Werdegang während der Kindheit:

[6] Schopenhauer in einem Aphorismus, zitiert bei *Hans Künkel,* Die Lebensalter, S. 31.

[7] *Goethe,* Gespräche mit Eckermann.

»Aus dem Höhlenbewohner unter dem Tisch und in der Sofaecke wird der Sammler und Jäger, der Blumen rupft und Schmetterlinge fängt. Er entwickelt sich zum froh-gelassenen Hirten auf der Wiese und zum ernsten Ackerbauer. Er durchmißt in ersten Straßenschlachten die wilden Zeiten der Völkerwanderung und vertieft sich in seine Geschichtenbücher mit der Hingabe eines Klosterbruders aus der Ottonenzeit. Als junger Held und Ritter zieht er mit 12 Jahren in seine Kreuzzüge und gerät in ernstere religiöse Auseinandersetzungen, sobald er im Jahrhundert der Reformation anlangt. In den Flegeljahren führt er gegen alle und jeden den Dreißigjährigen Krieg, in dem er die Fluren seiner Kindheit und oft auch die Zimmer seines Elternhauses verwüstet. Dann erst erwacht in ihm der Anfang des modernen Menschen mit seiner Arbeitsteilung und seinen spezialisierten Kenntnissen, und er entscheidet, in welchem Beruf er sich als Lehrling der Gegenwart verschreiben will[8]«.

Solches Nachvollziehen »der Phylogenese in der Ontogenese« geschieht sicherlich nicht bewußt, es vollzieht sich wie in einem langen *Traum*. Im Bewußtsein äußert es sich durch symbolische oder doch parallele Lebensweisen, wie sie eben geschildert wurden. Erzieherische Beeinflussung in Kinderstube und Schule sollte sich dem instinktiven Ablauf dieses langsamen Aufholens bis zur Gegenwart einfügen und nicht durch Überforderung des Bewußtseins, durch »Überbelichtung« stören. Überbelastung des Bewußtseins würde zu viele Energien ansaugen und Frühreife des Bewußtseins hervorrufen. Es wird dann

[8] *Hans Künkel,* a. a. O., S. 61.

aber nicht getragen von einem gesunden, sicheren Untergrund[9]. So wäre z. B. das Eingehen auf die Leseperiode und das zur Verfügungstellen entsprechender Literatur eine große Hilfe und Förderung der Entwicklung.

Das religiöse Leben ist diesem traumhaften Leben verbunden. Die Inhalte der heiligen Geschichten werden erlebt, zeitweise sogar intensiv erlebt, aber sie werden noch nicht dem Kern des Menschen verbunden, der ja noch schläft. Die Person ist noch nicht erwacht, aktuiert. Das Wichtigste ist, daß der Seelengrund mit den heiligen Geschichten und heiligem Tun verbunden wird. Wenn trotzdem punktuelle, personale Akte gesetzt werden, so nur in Teilhabe am Glauben Erwachsener. Die Schlüsselfiguren des Kindesalters – Vater, Mutter, Großeltern, auch Lehrer und Katechet – tragen das religiöse Leben der Kinder. Was *sie* lieben, liebt auch das Kind und tut es. Sein Glaube ist Gehorsamsglaube, seine Ethik ist Gehorsamsethik[10]. Aber dieses religiöse Leben bis 14 ist nicht tragfähig für die neue Situation des Lehrlingslebens, oder in der höheren Schule, es sei denn, es wird in einer Jugendgruppe aufgefangen und weitergeführt.

Religiöse Kindererziehung kann zusammenfassend in drei Phasen gesehen werden:

Bis ungefähr 8 Jahre assimilieren die Kinder die heiligen Geschichten – emotional. Sie entwickeln eine

[9] Ein Beispiel dafür ist das heute übliche Mitnehmen von Kindern in das Ausland. Der Gewinn einer gewissen Weltläufigkeit wird teuer bezahlt durch fehlende Beheimatung. Eine äußere Blasiertheit ist oft das Ergebnis solcher Entwurzelung.

[10] Vgl. *Michael Pfliegler,* Der rechte Augenblick, Salzburg ^{9}1968, S. 55.

gefühlsmäßige Bindung an Jesus und entfalten ein religiöses Leben – aber das ist noch nicht Glaube im vollen Sinn.

Ungefähr bei 9 Jahren bricht bewußtseinsmäßig ein Realismus durch. Sie wollen genau wissen und verstehen. Die drei Jahre von 9 bis 12 sind die Zeit, in der Katechismusunterricht gegeben werden kann. Sie assimilieren nicht nur emotional, sie wollen verstehen, intellektuell.

In beiden Stufen ist religiöses Leben möglich, aber nicht Glaube im vollen Sinn. In Teilhabe am mündigen Glauben eines Erwachsenen jedoch sind sie fähig, punktuelle, personale Glaubensakte zu setzen. Wenn die Mutter oder der Katechet die Gestalt Jesu nahebringen kann, wirken sie wie ein Medium für eine punktuelle, personale Begegnung mit Gott. Doch vermag das Kind den personalen Akt nicht allein festzuhalten.

Ungefähr bei 13, wenn die Pubertät sich anmeldet, beginnt der kalte Krieg gegen alle bisherigen Erziehungsfaktoren, und da wird auch das religiöse Leben miteinbezogen.

Der nächste Schritt wäre dann nicht emotional, nicht bloß intellektuell, sondern existentiell zu vollziehen. Die existentielle Entscheidung setzt jedoch das Reifen der nächsten Altersstufe voraus. Alle vorherige religiöse Erziehung hat lediglich die Aufgabe, die besten Bedingungen für eine positive existentielle Entscheidung zu vermitteln.

Folgendes Schema bewährt sich als Tafelbild bei Vorträgen:

1– 8	– assimilieren – emotional	Glaube in Teilhabe
9–12	– verstehen – intellektuell	

13–? – »kalter Krieg«
– Entscheidung – existentiell – Glaube
Unglaube

Irgendwann, jederzeit möglich, findet der kalte Krieg ein Ende durch Hinübergleiten in Unglauben oder durch Entscheidung für den Glauben. Solche Entscheidung fällt nicht emotional; auch nicht intellektuell (beides ist beteiligt), sondern existentiell, d. h. mit dem ganzen Wesen, in voller Verantwortlichkeit. Die Frucht dieser Entscheidung erst ist voller Glaube.

Eine zu sehr auf Kinderseelsorge eingestellte Pfarrei gibt daher allzuleicht Anlaß zu Selbsttäuschung. So leicht eine Kinderschar zum religiösen Betrieb zu führen ist – mit geschicktem Einsatz pädagogischer Techniken und etwas Druck bringt sie ein für die Kinderseelsorge begabter Priester leicht zum Blühen –, für den Glaubensstand in einer Pfarrei ist Kinderseelsorge kein Maß. Jede Kinderseelsorge kann ja nur die bestmöglichen Vorbedingungen setzen für eine positive, kommende und heute für die meisten unausweichliche Glaubensentscheidung. Der Hauptakzent der Seelsorge muß bei den Erwachsenen liegen, so wichtig das Kindes- und auch das Jugendalter für die Vorbereitung einer Glaubensentscheidung sind.

Zusammenfassend kann das Kindesalter in einem Schema folgendermaßen gekennzeichnet werden:

1–14 Kindheit – Denken – Merkur – Traum.

5. Das Jugendalter

Aus jedem Traum gibt es ein Erwachen – die Kindheit endet mit einer Ernüchterung. Das Ich, vor der Pubertät kaum Thema im Leben[11], schlägt die Augen auf, will im ersten Entdecken des Eigenstandes seine Unterschiedenheit betont festhalten und schaut in die Welt – nicht mehr mit den vom Traumgeschehen »gehaltenen« Augen, sondern realistisch und kritisch. Solche Desillusionierung führt zu einer Vertrauenskrise gegenüber den »ersten Erziehern«[12]. Man könnte die Erfahrung der Jugendlichen in die Worte fassen: »Die Welt ist gar nicht so, wie ihr gesagt habt – sie ist anders, härter, feindlich. Ihr habt uns getäuscht.« Natürlich wird da auf die Erzieher nur projiziert, was unverstanden im Innern vor sich geht. Der Erzieher darf hier nicht krampfhaft das frühere Verhältnis festhalten wollen, er muß das Mißtrauen als Symptom verstehen und zurücktreten. Die Eltern werden oft vom Kaplan, einem Lehrer, den sogenannten »zweiten Erziehern«, an Einflußmöglichkeit in den Hintergrund gedrängt; in Internaten und Schulen sollen Erzieher und Lehrer die Gruppe oder Klasse abgeben an andere. Denn die erzieherische Einflußnahme läßt sich in dieser ersten Alterskrise,

[11] Vgl. *Wilhelm Hansen,* Die Entwicklung des kindlichen Weltbildes, München ^{6}1965.

[12] Vgl. *Heinrich Kahlefeld,* Der erste, zweite, dritte Erzieher, in: Katechetische Blätter, 1954, S. 129–132.

der Pubertät, nur über frei geschenktes Vertrauen ermöglichen, das oft weniger über das Bewußtsein geht als über emotionale Bindung durch halbbewußte Sympathie.

Die legitime Verpuppung nimmt den jungen Menschenkindern die Orientierung, sie weichen deshalb oft aus in das Zusammensein mit Gleichgesinnten, in die sogenannte Horde, deren einzig Gemeinsames es ist, daß sie nicht mit sich umzugehen wissen und sich aggressiv gegen die Umwelt verhalten. Alle »Hänsel« sind von der Hexe gefangen und schlagen in ihrem Käfig wild herum.

Bis eines Tages eine Kraft durchbricht, die eine neue Kontaktmöglichkeit mit der Welt schafft: Einer hört Musik, und es ist ihm, als ob er zum erstenmal Musik hörte; er schaut in eine Landschaft, als ob er sie zum erstenmal sähe; er sieht das Gesicht eines Mädchens, und er kann es nicht vergessen. Eros ist geboren, eine Kraft, liebende Beziehung zu allem Wertvollen herstellen zu können; eine seelische Kraft, welche den Kontakt zur Welt auf eine neue Weise ermöglicht. Bei diesem enthusiastischen Vermögen liegt der Akzent im Jugendalter. Nicht mehr das Denken ist Hauptfunktion, sondern das *Fühlen* übernimmt die Führung inmitten aller anderen Seelenkräfte.

Fühlen aber ist eine typisch weibliche Funktion. Es ist daher im Jugendalter das weibliche Geschlecht dem männlichen »instinktiv« überlegen und im Reifen voraus. Die Mädchen finden sich zuerst wieder; mit 17 sieht man schon, wie sie »gemeint« sind, während die Jungen noch nicht wissen wohin mit ihren zu langen Armen und Beinen.

Beide haben die Aufgabe, die enthusiastischen

Kräfte des Eros zu integrieren im Umgang mit allem Schönen, Wertvollen, Guten, Wahren, in Kunst und Religion, besonders durch Gestaltung des Liebes- und Geschlechtslebens. Nicht mehr Merkur regiert, sondern *Venus*. Nicht mehr einem Traum ist dieses Jugendleben zu vergleichen, eher einem *Lied*.

Wiederum ist nach der ersten Hälfte, bei 21, ein Einschnitt (in der Kindheit ist um 7 herum der Eintritt in die Schule), insofern bis dahin ein erstes Darüberstehen über den Gefühlen erwartet wird und damit Tragfähigkeit und Mündigkeit gegenüber den Rechten und Pflichten vor dem staatlichen Forum. Auch hier ist die Zahl 21 nur ein allgemeiner Orientierungspunkt; mit der rechtlich gegebenen Mündigkeit ist nicht immer die volle Reife auf allen Gebieten des Lebens gegeben. Ebenso läßt sich fragen, bis wann eine mündige Entscheidung für oder gegen den Glauben grundsätzlich gegeben werden kann und welchen Beitrag der erste Abschnitt des Jugendalters dazu leistet.

Die enthusiastischen Kräfte des Eros ermöglichen eine Intensität des Erlebens wie kaum mehr später; aber sie bewegen sich wie die Melodie eines *Liedes* auf und ab, in einer Wellenbewegung. Selbst wenn in unseren kühlen Zeiten die Skala nicht mehr bis zu dem Extrem des »himmelhoch jauchzend – zu Tode betrübt« schwingt (heute sagt man »euphorisch« und »depressiv«), dem zeitweisen Verfallensein an die Wellenbewegung des Auf und Ab, des Aufblühens und Absterbens einer Beziehung, stellt sich von innen heraus die Frage: Gibt es gegenüber der Unzuverlässigkeit der Gefühlswelt eine Orientierung, einen Maßstab? Auch wenn das nicht bewußt formuliert werden kann, die innere Welt strukturiert sich um:

Die wiederholte Erfahrung des Auf und Ab gestattet ein Vorausschauen. Genauso wie das letztemal wird die rosarote Zeit vorübergehen und einer Ernüchterung weichen. Der Wellenberg wird sich neigen. Eine innere Reserve gegenüber dem alles versprechenden, nur positiv gefärbten Lebensgefühl spaltet daher den Erlebnisraum; ein Teil in mir versucht sich von diesem Lebensgefühl zu unterscheiden und tritt ihm gegenüber. Genauso mißtrauisch wird die mutlose Moll-Stimmung als vorübergehend empfunden. Der Mensch steht sich selbst gegenüber, das Ich beginnt sich aus der Umschlingung der Gefühle herauszulösen und ihnen gegenüber Stellung zu beziehen: skeptisch, kritisch, wohlwollend und ärgerlich, aber von Mal zu Mal mehr erkennend, daß die Gefühlswelt um eine Mittellinie schwingt, deren sich bewußt zu werden Orientierung vermitteln würde.

Die Einübung dieser mehr ahnungshaften als bewußten Erkenntnis ermöglicht ein In-sich-Stehen und Sich-selbst-Finden. Zugleich drängt sich die Frage nach dem Ziel dieser Mittellinie auf.

Wie, wenn die Unabhängigkeit vom Auf und Ab frei machen würde für die Erfahrung einer Richtung und damit der Möglichkeit, ein Ziel selbst anzusteuern? Nicht intellektuell wird diese Frage gestellt, das mag schon früher geschehen, sondern von innen her; sie macht bereit für das Ausschauen nach einem Sinn, einem dreifachen Sinn:

Menschlich – bewußte Selbsterziehung setzt hier an;
beruflich – die Berufspläne nehmen Gestalt an;
religiös – die Glaubensentscheidung rückt näher.

Sosehr die enthusiastischen Kräfte intensives religiöses Erleben ermöglichen und religiöse Entschlüsse der Begeisterung bedürfen, so sehr will die Skepsis sich auch im Religiösen unabhängig machen von religiösen Gefühlen. Auf dem Hintergrund der Begeisterungsfähigkeit vermag hier der Entschluß zu reifen, die Sinnhaftigkeit des Ganzen in Christus zu sehen, als Christ zu leben und als Christ in der Welt zu wirken. Es ist wichtig zu betonen, daß diese religiöse Entscheidung sich der Welt zuwendet und nicht nur der individuellen Gottesbeziehung. Die Sinnfrage des Lebens, zum erstenmal existentiell gestellt, bedarf also einer religiösen Antwort, die nicht aus der Welt hinausführt, sondern zur Beheimatung des Religiösen in der Welt und damit der Welt in der Religion. Der Schlüssel dazu ist die christliche Lehre von der Erlösung der *Welt* – und nicht der Seelen. Der Kosmos als Bauplatz für das Reich Gottes wird entscheidender Satz für eine christliche Glaubensentscheidung.

Es kann aber auch sein, daß diese existentielle Sinnfrage des Lebens antichristlich beantwortet wird. Aus den verschiedensten Gründen: Weil eine ungebärdige Lebenskraft jede Form als Einengung ablehnt; weil die positive Weltsicht in der Heimatkirche kein Echo findet (ein Grund, der nicht selten vorkommt); usw. In allen Fällen aber ist festzuhalten, daß die Sinnfrage sich wieder und wieder stellt und sich jedesmal die Möglichkeit einer Bekehrung auftut.

Ein in der Gegenwart immer häufiger auftretender, von der oben geschilderten, normalen Entwicklung abweichender Sonderfall tritt ein, wenn zwar Sexus erwacht und lebendig wird, nicht aber Eros; oder aber der erwachende Eros wird durch die niederziehende, blasierte Umgebung gehemmt und angekränkelt. Die enthusiastischen Kräfte werden abgewürgt, die Wellenbewegung des Auf und Ab, des Hin- und Hergerissenseins wird eingeebnet, und es bleibt lediglich ein gärendes Sexualleben. Hier erstickt Religiöses ebenso sicher, wie auch die seelische Entwicklung steckenbleibt. Das Humanum ist krank, religiös taub – um das Beste der Jugendzeit betrogen. Auf den Traum der Kindheit folgt kein Lied, die Verpuppung ist nicht ausgereift, der »Hänsel« im Käfig wurde falsch ernährt; er hat schwesterliche Hilfe zurückgewiesen und mit der Hexe einen »Pakt« geschlossen, der ihn zwar äußerlich befreite, aber um so mehr innerlich band.

Die Einsicht in einen solchen Zustand entlastet den Seelsorger von unnötiger Verantwortung, die jungen Leute aber auch von dem Druck unmöglicher Erwartung. Die Folge dieser nüchternen Atmosphäre wäre, daß ein Mindestmaß einer menschlichen Beziehung zwischen ihnen und dem Seelsorger gepflegt werden könnte. Sie stellt zugleich die goldene Brücke für zukünftige religiöse Entwicklungen dar.

Das Schema der Jugendzeit lautet:

14–28 Jugendzeit – Fühlen – Venus – Lied.

6. Die junge Manneszeit und die junge Frauenzeit

Das Fühlen als psychologische Hauptfunktion des Jugendalters zeigt, daß das weibliche Geschlecht in dieser Zeit einen Höhepunkt erreicht. Die 24jährige junge Frau mit dem Kind auf dem Arm ist nicht nur das Bild der Madonna, sondern auch allgemein menschlicher Höhepunkt im Frauenleben und Abbild seiner Fülle. Von diesem Höhepunkt Abschied nehmen zu müssen bedeutet schwere Aufgabe des Überganges bei 28 zur sogenannten jungen Frauenzeit. Das Lied ist aus wie vorher der Traum, und die neue Lebensweise wird nun nüchterner *Dienst*.

Vom Mann wird dieser Übergang oft gar nicht bemerkt. Er segelt mit vollen Segeln in das neue Alter der »jungen Manneszeit« hinüber, bringt es ihn doch seinem Höhepunkt als Mann entgegen. Er verändert sich: Er wird nach außen gewandt, willensmäßig bestimmt und härter. Was vorher mit Begeisterung getan wurde, geschieht jetzt mit nüchterner Überlegung. Seine Interessen werden fast ganz vom Beruf eingenommen, wo er sich seine Lebensposition ausbauen will. Planmäßig werden die Kräfte eingesetzt, mit vorausschauender Organisation wird der eigene »Herd« gebaut (als eigenes Haus für die Familie oder wie meist die Mietwohnung mit entsprechendem Komfort). Nicht mehr das Fühlen ist Leitfunktion, sondern das *Wollen*. Venus hat abgedankt, *Mars* regiert, der Vertreter der kämpferischen Willenkraft, des Soldaten und Offiziers im Dienst – ein typisches Bild der Männlichkeit, freilich auch in all seiner Einseitigkeit.

Das Beschlagnahmtwerden durch Arbeit und Beruf fordert eine durchdachte Zuwendung zur Welt, und hier ist der Ansatz für die Religiosität des Mannes in dieser Altersstufe. Wenn es gelingt, die Welt als Schöpfung zu sehen und seine berufliche Tätigkeit als Gestaltung der Schöpfung im Auftrag des Schöpfers, so beeinflußt dies nicht nur seine Haltung der Welt gegenüber, sondern seine Arbeit wird beheimatet in der Religion. Die nüchtern gewordene Frömmigkeit dieses Alters drückt sich vor allem aus in der rechten Zuwendung zur Welt, in treuer Diensterfüllung und gestaltender Tätigkeit[13].

Den Frauen jedoch ist der Übergang in diese so typisch männliche Altersstufe schwere Aufgabe. Äußerlich bedeutet er den Abschied von einem biologischen Höhepunkt (was viele veranlaßt, ihn künstlich festzuhalten; die Spannung zwischen biologischem Weitergetriebenwerden und seelischem Zurückhalten ist oft Ursache für gesundheitliche Schäden), aber noch schwerer ist die innere Aufgabe, eine »männliche« Haltung zu integrieren, mit dem planenden Willen zu leben und sich nicht mehr nur vom Fühlen leiten zu lassen. Das sieht innerhalb der Ehe so aus: täglich derselbe Haushalt, täglich sich einem Plan einordnen; soll das Hauswesen funktionieren, verlangt es nüchterne Organisation; die »liebliche Unordnung der Venuszeit« ist nicht mehr gestattet; das Eheleben wird Dienst; die Disziplin des Mars muß

[13] Vgl. dazu *Karl Rahner*, Meßopfer und Jugendaszese, in: Sendung und Gnade, Innsbruck 1959, S. 166 f.

mehr und mehr – wenn auch widerwillig – so doch bewußt angenommen werden. Die männliche Haltung ist mit der weiblichen zu verbinden. Im Maße dies geschieht, wird eine neue Höhe vorbereitet in der reifen Frauenzeit nach 42.

Außerhalb der Ehe sieht es sich ähnlich an: Täglich der gleiche Arbeitsvorgang im Büro, täglich dieser Frondienst als Lehrerin in der Schule usw. Wer jetzt in leblose Routine ausweicht und sein Wesen außerhalb des Berufes ansiedelt, gleichsam um dort ein frauliches Leben zu führen, der nimmt sich die Chance, durch Integrierung des Männlichen zu reifen zum vollen Menschlichen. »Wollen – Mars – Dienst« kennzeichnen für die Frau (innerhalb und außerhalb der Ehe) einen notwendigen Durchgang, der bis 35 längstens durchschritten sein müßte, um die »mulier fortis« auszuprägen, die dem Mann im Dienst am Leben zur Seite steht.

Die Verschiedenartigkeit des Übergangs von Mann und Frau bei 28 ist oft Ursache von Ehekrisen. Beide heiraten zum Beispiel in der Venuszeit, er mit 25, sie mit 20. Ihre Weise des Zusammenseins und des In-der-Welt-Seins wird durch die Funktion des Fühlens charakterisiert, sie sind verbunden wie zwei Stimmen eines Liedes, die abwechselnd Unterstimme und Oberstimme singen. Um 28 aber verändert sich der männliche Partner, er wird nüchtern. Seine Interessen sind nicht mehr wie früher Reisen, Musik und all die schönen Dinge ihrer ersten Ehezeit, er lebt seinem Beruf. Sein Thema ist nicht mehr die Ich-Du-Beziehung; er setzt sie vielmehr als selbstverständlich voraus, sie ist sein ruhender Pol, der ihm Kraft zur Arbeit gibt. Sie aber, noch in der Venuszeit befangen, fühlt sich vernachlässigt, unverstanden, allein gelassen. Er fordert von ihr – willensmäßig; sie aber antwortet gefühlsbetont. Ihr Hauptthema ist immer noch die Ich-Du-Beziehung. Das Lied ihres Lebens wird dauernd unterbrochen durch »das Telefon, das ihn mit seiner Arbeit verbindet«. Sollten sie nicht auseinandergehen, brauchen sie gute Freunde, durch die sie ihre eigene Veränderung verstehen lernen. Wegweisung für die Ehe, auch durch den Seelsorger, sollte sich nicht begnügen mit dem Hinweis auf die Unauflöslichkeit der Ehe; ebenso wichtig und wahre Hilfe wäre die Aufklärung der Hintergründe der beiderseitigen Entwicklung, so daß aus dem Überblick über die Altersstufen vorausgesagt werden kann, daß beide einem tieferen gegenseitigen Verstehen entgegenreifen und der Ehe ein »Nachsommer« beschieden sein würde, sofern sie den Dienst der jungen Manneszeit und der jungen Frauenzeit treu erfüllen. Damit verbunden könnte die lebendige Einsicht sein, daß Sexus und Eros nicht die einzig lebenswerten Dinge der Welt sind, nicht einmal die wichtigsten! Das Werk an der Schöpfung, die Kinder, das Familienleben, die berufliche Tätigkeit, das Gemeinschaftsleben, die Politik – all das ist lebenswert.

Als religiöse Aufgabe gesehen, vertraut Gott dem Menschen seine Schöpfung an. Das verläßliche, hegende Umgehen mit ihr in den Sachen des Alltags ist Dienst, religiöser Dienst. Die berufliche Tätigkeit ist Medium für die Durchsetzung göttlicher Pläne in der Welt. Der Weltstoff muß vom Glauben her verstanden werden, so daß man als Christ in der Schöpfung handeln kann. Das religiöse Interesse äußert sich vor allem im Messen eigener Berufs- und Welterfahrung an den Lehren der Kirche. Ist mit ihnen Orientierung für das berufliche Leben möglich? Das wären Hauptthemen der religiösen Erwachsenenbildung in diesem Alter.

Wieder läßt sich das Leben dieser Altersstufe zwischen 28 und 42 in einem Schema überblicken:

28–42 junge Manneszeit
junge Frauenzeit – Wollen – Mars – Dienst

7. Das Reifealter

Der nächste Übergang bei 42 bedeutet eine Krise für den Mann, weniger für die Frau, die diesmal, im Maße, in dem sie ihren Dienst abgeleistet hat, hinüberwächst in ein neues tragendes Lebensgefühl. Der Mann aber muß jetzt Abschied nehmen von seiner Höhe, von der so männlichen Marszeit. Er entdeckt (früher oder später), daß mit dem Willen nicht alles zu erreichen ist; es ist nicht möglich, mit dem Kopf durch die Wand zu rennen; es läßt sich nicht alles vorausplanen, organisieren, befehlen, kommandieren. Er reagiert ärgerlich, fühlt sich gedemütigt und überspannt seinen Einsatz – bis er in einer Niederlage entdeckt, daß dort, wo sein Wille versagt, eine hilfreiche Erscheinung zu beobachten ist: Daß es nämlich Entwicklungen gibt. Wer sie öfter beobachtet, lernt sie abzuschätzen und könnte ihnen vertrauen. Er wird ruhiger, geduldiger, wartet und greift ein, wenn es an der Zeit ist, und erreicht mit wenigen Kräften mehr als vorher mit robuster Kraft.

Dieses *Vertrauen* in den Gang der Dinge löst nun als Hauptfunktion das Wollen ab. Damit schaut er voraus, verbindet die Vergangenheit mit der Zukunft; wartet ab, ermunternd mit einem Wort, da und dort helfend, tadelnd. Er versteht jetzt, wie die Menschen zu führen sind, er kann führen, leiten. Er ist in die reife Manneszeit eingetreten, die gekennzeichnet ist durch den Planeten der Priester und Könige, *Jupiter*.

Er organisiert nicht mehr bloß, er verwaltet nicht nur oder regiert, er be-»herrscht«. Manche Schwierigkeiten im Zusammenleben schmelzen in seiner Gegenwart auf ein natürliches Maß zusammen; die Menschen verhalten sich in seiner Nähe anders, ruhiger, denn es ist etwas um ihn, das sie beeinflußt, die Würde des reifen Menschen. Es ist die Zeit, führende und leitende Positionen einnehmen zu können und Verantwortung für das Gemeinschaftsleben zu übernehmen, auch kirchlich gesehen. Welche Entwicklung: Vom Traum über das Lied zum Dienst, und jetzt, da die Menschenwürde aufblüht, könnte das Bild vom *Thron* kennzeichnend sein.

Die Entfaltung des Humanum ist auch beim Vergleich der psychologischen Hauptfunktionen zu sehen: Denken – Fühlen – Wollen – Vertrauen. Die letzte ist nicht mehr typisch weiblich wie Fühlen oder typisch männlich wie Wollen, sondern allgemeinmenschlich. »Vertrauen in den Gang der Dinge« als leitendes und tragendes Charakteristikum eignet dem fraulichen Wesen und läßt es auf den neuen Höhepunkt der »reifen Frauenzeit« kommen; und eignet dem Manne, sofern er die einseitige männliche Haltung ablegt und sich durchkämpft zur Reife. Das Vertrauen als seelische Hauptfunktion bildet auch eine neue Kontaktmöglichkeit zwischen den Geschlechtern. Sie treten sich nicht mehr gegenüber als menschlicher Mann und menschliches Weib, sondern als männlicher Mensch und weiblicher Mensch. Das einseitig Männliche und einseitig Weibliche ist erweitert zur Menschlichkeit, die geschlechtliche Differenzierung ist einem größeren Zusammenhang eingeordnet, dem Menschsein in männlicher und weiblicher Art; das Geschlecht dient dem Menschlichen. Der »Nachsommer« vieler Ehen ist eine Frucht solcher Entwicklung, ebenso Freundschaft.

Die spezifische Kraft dieser Altersstufe – das Vertrauen – stellt eine natürliche Grundlage dar für eine Vertiefung des Glaubens. Erfahren, daß man Entwicklungen vertrauen könnte, bedeutet das Zeiterlebnis einbauen in das Glaubensleben. Die eigene Erfahrung mit Entwicklungen, in denen »es sich fügte«, öffnet den Blick für das Handeln Gottes in der Zeit, das religiös Vorsehung genannt wird. Alle religiös so drängenden Warum-Fragen (warum geschieht mir das? Warum mußte dieser so früh sterben? usw.) werden in einer neuen Dimension gesehen. Eine Ahnung von hintergründigen Entwicklungen ermöglicht ein nicht nur intellektuelles Zutrauen in die göttliche Verfügungsmacht, die Zustimmung ist tiefer, mit dem Wesen gegeben.

Die vertrauende Verbindung mit dem Zeiterlebnis bringt ein neues Geschichtsverständnis und ein Interesse für Heilsgeschichte. Glaube erweitert sich durch das Interesse für den großen Heilsplan Gottes. Die große Weltbewegung wird überblickt durch heilsgeschichtliches Denken, was zurückwirkt auf ein vertieftes Verständnis der gegenwärtigen Heilssituation. Die gläubige Zuwendung zur Welt gelangt zur Reife.

Wer etwas von der Wirksamkeit menschlicher Reife bei anderen gesehen oder selbst erlebt hat, weiß, was Würde ist. Der Geschmack an der Kostbarkeit reifer Menschenart läßt ahnen, in welcher Richtung die Göttlichkeit Gottes zu suchen ist, des herrscherlichen Gottes von königlicher Art auf dem »Thron«, der in den heiligen Schriften sich geoffenbart hat. Eine neue Zuwendung zur Liturgie wird möglich; deren Feierlichkeit und Würde entsprechen dem eigenen Lebensgefühl, und Liturgie kann wieder bevorzugter Ausdruck des religiösen Lebens werden.

Die reife Mannes- und Frauenzeit wird durch folgendes Schema dargestellt:

42–56 Reife – Vertrauen – Jupiter – Thron

8. Das Alter

Der Übergang in das Alter[14] stellt dem menschlichen Reifen die schwerste Aufgabe, denn es läuft darauf hinaus, vom »Thron« gestoßen zu werden, und dagegen empört sich zunächst der ganze menschliche »Stoff«[15]. Die ersten Anzeichen melden sich an, wenn die neue Generation nachrücken will. Man hat sie selbst herangebildet, ist stolz darauf und freut sich ihrer ersten Erfolge. Sie denkt anders – da kann man

[14] Über die gegenwärtige Hinausschiebung des Datums wurde oben bereits gesprochen. – Die medizinischen Gründe für den biologischen Abstieg (Erschöpfung der Lebensenergie – chronische Vergiftung – Radiumemanation – Abnutzungserscheinungen – Regenerationsunfähigkeit – physiologischer Entwicklungsprozeß, der »entelechial angelegt« sei [M. Bürger]) sind alle in Diskussion und umstritten, so daß über die Ursachen des Alterns heute noch nichts Feststehendes gesagt werden kann.

[15] Die Abwehr, Revolte, Rebellion und Resignation bis zum Extrem zeichnet *Jean Améry* in seinem Buch »Über das Altern, Revolte und Resignation« auf dem Hintergrund eines bewußten Unglaubens, dem das Weiterleben nach dem Tode eine Absurdität (S. 120) bedeutet. Altern wird dann nur »zur Zeitstrecke, auf der wir dem Todesgedanken begegnen«. Tod aber ist volle Vernichtung, der in »aussichtsloser Verneinung« angenommen werden muß. Dieses Altern ohne jede Zukunft führe zur Entfremdung von sich, von den Mitmenschen und von der Kultur.
Diese extreme Schilderung sollte erlebnismäßig (nicht grundsätzlich) ernst genommen werden, weil christlicher Glaube zwar Zukunft ermöglicht, aber die Auseinandersetzung mit dem »Absterben« nicht erspart.

sich leicht hineindenken, das erhält beweglich. Aber sie fühlt und empfindet auch anders, und das kann man sich nicht aneignen, auch nicht durch das Studium von Büchern. Eine neue, fremde Welt wächst heran! Obwohl einer sich noch in der Vollkraft der Jahre fühlt und den Höhepunkt des Lebens in der Jupiterzeit auskostet und auch noch Pläne für die Zukunft entwirft, berührt ihn ein kalter Hauch. Die junge Generation drängt nach, und zum erstenmal mischt sich in das Wohlwollen ihr gegenüber etwas wie Mißtrauen – so beginnt sich die kommende Alterskrise nach außen abzuzeichnen. Nach innen hin dringt die »Erkältung« tiefer: Das Leben geht weiter; könnte es sein, daß es mich einmal nicht mehr braucht? Es ist etwas anderes, sich das in jüngeren Jahren vorauszusagen, als nun wirklich davon berührt zu werden. Das Leben könnte mich fallenlassen, wie ein Apfel vom Baum fällt – das ist doch sinnlos! Beides, außen und innen, verbindet sich und erregt die spezifische Alterskrise: Mißtrauen gegen die Jungen, an ihnen reagiert sich die Feindschaft gegen den Gang des Lebens ab. Wer auf dem Throne seines Lebens sitzt, will ihn festhalten, gibt nicht auf und gibt nicht nach, und alle Versuche der Jungen, höher zu steigen, werden im Keim erstickt. Er wird bitterbös, wie »*Saturn,* der die eigenen Kinder frißt«.

Dieses mythologische Motiv vergrößert dramatisierend, was sich psychologisch abspielt. Ein typisches Beispiel dafür ist der Bauer mit 60 Jahren, der seinen Hof nicht dem nun dreißigjährigen Sohn übergeben will, so daß dieser nicht heiraten kann. Er wendet sich gegen das Leben des Sohnes, hindert seine Entwicklung und möchte ihn (mit einem Teil seines Wesens) am liebsten weit weg haben: Er frißt das eigene

Kind, sagt das mythologische Motiv übertreibend – seelisch.

Dieser Kampf dauert mehr oder minder lang, oft kommt ein körperlicher Zusammenbruch zu Hilfe, die biologische Linie neigt sich, das Leben drängt hin zum Abtreten. Oder es kommt eine Katastrophe mit den Mitarbeitern und verlangt gebieterisch eine Umstellung, z. B. in einer Begrenzung der eigenen Tätigkeit im Betrieb und Abgeben von Kompetenzen. Oft geht das Mißtrauen über in eine Erstarrung – die Verpuppung ist im Gang. Die innere Bewegung konzentriert sich immer mehr auf die Frage hin: Hat das Leben einen Sinn – auch wenn es mich nicht mehr braucht und fallenläßt? Die Antwort kann in verschiedenen Stadien erarbeitet werden:

Wenn ich nicht mehr arbeiten kann und meine Lebensaufgabe mir genommen wird und ich mich dagegen nicht zu wehren vermag, weil die andern mich wegstoßen und auch meine eigenen Kräfte versagen, so ist das wie eine feindliche Verschwörung, der gegenüber ich zur Kapitulation gedrängt werde. Das Leben ist feindlich, es bleibt mir nur noch, von der aussichtslosen Kampfhaltung in die Resignation überzugehen. Und so gibt er allen Ehrgeiz auf, erhebt keine Ansprüche mehr, ist müde und ohne Lebenskraft, ein resignierter und bitterböser Alter. Bei vielen geht hier das Leben wirklich zu Ende, sie sterben kurze Zeit nach der Pensionierung.

Wer aber alle andern Lebensalter richtig durchlebt hat, den treibt die Lebenskraft weiter. Selbst inmitten der Resignation bohrt die Frage, ob das Leben nicht doch einen Sinn habe, wenn nicht mehr in der Arbeit, so einen geheimen, von ihr unabhängigen Sinn? Vielleicht jenseits? Eine Wendung vom Sichtbaren zum

Unsichtbaren bahnt sich an, wobei freilich dazwischen der Tod steht. Im Hintergrund der großen Alterskrise steht das unaufhaltsame Näherrücken des Todes, selbst wenn davon nicht gesprochen wird. Die Auseinandersetzung mit dem Tod ist die Umschaltstelle, an der die Lebenskraft – bildlich gesprochen – in eine andere Energieform übergeführt wird, wie zum Beispiel durch die Turbine strömendes Wasser in Elektrizität. Weil dies bei der Lebenskraft aber kein mechanischer, sondern ein geistiger Prozeß ist, spielen alle Elemente des früheren Lebens mit und treiben voran. Auf die Resignation und die Erstarrung folgt ein Sturm von Aufbäumen, Ergeben, Versuch des Hinüberdenkens, davor Zurückschrecken und wieder neuen Versuchen. Alles Bisherige spielt mit in dieser Umwälzung, jedes Ausweichen in einer früheren Alterskrise würde jetzt hemmen, jedes frühere volle Durcharbeiten hilft. Christlicher Glaube, bewußt angenommen, wirkt wie eine Stärkung, aber ersetzt nicht den natürlichen Reifeprozeß unter den Werdeschmerzen der Alterskrise. Das ganze Leben schreit: Ist etwas drüben, jenseits nach dem Tod? Die ganze Natur ist eine schmerzende Frage: Wie wird es mir ergehen am Tor des Todes? Ist etwas drüben, von dem ein Licht auf meine Krisis fällt und einen Sinn erfassen läßt? Und niemand weiß, wann – plötzlich beruhigt sich das Leben, die Spannung läßt nach.

Eine Klärung und Läuterung wird empfunden wie nach einer Gärung, in der Früheres wie Bodensatz abgestoßen wird und der reine Wein sich bildet. Die Lebenskraft zeigt jetzt die Neigung, an einen geheimen Sinn des Lebens zu *glauben,* selbst wenn er nicht erkannt wird. Das ist kein Kurzschluß aus Angst; das würde nicht durchtragen, denn dieser Prozeß läuft nur zum Teil im Bewußtsein ab, zum anderen Teil im Unbewußten und wird entschieden im überbewußten Raum der Person.

Jetzt kann ein solcher Mensch von seinem Amt zurücktreten, nicht in Feindschaft, sondern in Frieden mit der Welt, seinen Nachfolgern und mit Gott. Die Gesundheit fängt sich wieder, sie ist zart geworden, aber einer kann uralt werden wie *Uranus*, der Uralte, der nun Saturn ablöst. Lächelnd sieht er auf das »große Welttheater«, er »segnet das Zeitliche«. Er wird gütig und mild wie die milde Herbst*sonne*, das neue und letzte Zeichen dieses Lebensabschnittes.

Manchmal ereignet es sich dann, daß die junge Generation wieder kommt und um Rat fragt. Sie braucht nicht mehr zu fürchten, daß subjektive Ambitionen sich einmischen. Er hat den Thron mit der *Friedensstätte* vertauscht.

Wenn sich diese natürliche »gläubige Haltung« verbindet mit der christlichen Botschaft, so entsteht daraus eine Blüte des Glaubenslebens, wovon ein Bild in der Apokalypse spricht (Apk 4,10–11): Die 24 Ältesten (gewiß erwählte Vorsteher, aber dahinter steht die Erfahrung und Weisheit eines ganzen Lebens, weswegen sie »Älteste« genannt werden) legen ihre Kronen vor dem Throne Gottes nieder, wie wenn sie die ganze Erfahrung und Weisheit ihres Lebens zusammenfassen und zum Dank übergeben würden. Und dieses symbolische Tun wird formuliert in dem Gebet, das sie sprechen: »Du bist würdig, zu empfangen den Lobpreis . . .« Man könnte deutend weiterfahren: »Mein ganzes Leben weiß es und sagt es und ist wie Verehrung deiner Macht und deines Willens. Das ganze Leben ist wie Anbetung – nicht ich, sondern du!«

Die natürliche gläubige Haltung weist jetzt in dieselbe Richtung wie die religiöse des christlichen Glaubens, sie laufen parallel und können sich verbinden, so daß die eine tragende Kraft der anderen wird. Solch alte, christliche Menschen sind dann von großer menschlicher und geistlicher Reife; wie zu Leuchttürmen schaut alles auf sie und findet Orientierung. Manche alten Priester, Bischöfe und Päpste wirken dadurch im wörtlichen Sinn wie Brückenbauer zum Jenseits, sie sind Pontifices. Solcher Entfaltung des Glaubenslebens sind wieder besondere Glaubenswahrheiten zugeordnet:

Wer das Zeitliche »segnet«, die Güter dieser Welt segnet und ihnen wohlwollend gegenübersteht, der spürt beim Abschiednehmen ihre Kostbarkeit, die Kostbarkeit der Schöpfung und ist trotzdem frei von ihnen. »Er besitzt, als besäße er nicht!« Solches Loslassen gibt Zukunft in diesem Leben durch Überwindung der Alterskrise und öffnet die Augen für die Prophezeiungen über den neuen Himmel und die neue Erde. Die eschatologische Haltung, von der Paulus spricht (1 Kor 7,29–32), kann nun sogar vom natürlichen Empfinden her realisiert werden.

Die Güte des Alters ist nicht Harmlosigkeit, sondern sie ist möglich geworden trotz aller schlechten Erfahrungen des Lebens. Sie ist ein Abbild der Güte Gottes, die auch trotz aller Erfahrungen mit der Menschheit die gleiche bleibt. Auch seine Güte ist keine Harmlosigkeit, sondern Ausdruck des Segnen-Wollens.

Wer im natürlichen Bereich so sehr an die Grenze zwischen Diesseits und Jenseits getrieben wird, wie es in der Alterskrise geschieht, der hat auch vom Natürlichen her eine Ahnung von der Schwelle zwischen beiden Bereichen, die durchaus trennend ist wie eine »schmale Wand«, die der Mensch aus seinen »Bildern« aufgebaut hat und die einstürzen könnte »ohne Lärm und Laut«, durch das »Rufen eines Mundes«[16]. Die christliche Formulierung würde hier von einer Erfahrung der Ferne und zugleich Nähe Gottes sprechen. Der »ganz andere«, jenseits aller Bilder, ist fern und nah zugleich, zwei Aussagen, die durch die Erfahrung der Schwelle in eine einzige zusammenschmelzen, wie die Coincidentia oppositorum. Der gläubige Sinn erlebt solche Denkmöglichkeiten wie ein Aufgehobensein in der göttlichen Allmacht.

Zusammenfassend läßt sich auch das Alter in einem Schema überschauen:

(56) –? Alter – Glauben – Saturn – Friedensstätte
Uranus
Sonne

[16] Vgl. *Rainer Maria Rilke,* Das Stundenbuch, Leipzig 1939, S. 9.

9. Zusammenfassung

Ein zusammenfassender Überblick aller fünf Altersstufen läßt die Bewegung eines nach oben weisenden Pfeiles erkennen (im Widerspiel zum Bogen der biologischen Entwicklung)[17]. Die Bilder und Vergleiche zeigen deutlich eine immer weitere Entfaltung des Humanum:

Traum	*– Lied*	*– Dienst*	*– Thron*	*– Friedensstätte.*
Merkur	*– Venus*	*– Mars*	*– Jupiter*	*– Saturn*
				Uranus
				Sonne.

Auch die führende psychische Anlage zeigt, wie das Leben immer intensiver und menschlicher werden kann, noch dazu, wo jede vorhergehende Stufe erhalten bleibt und aufgenommen wird in die neue und daher in der letzten die menschliche Art zur vollen Blüte kommt:

Denken – Fühlen – Wollen – Vertrauen – Glauben.

Die Weltbezogenheit der verschiedenen Stufen könnte durch folgende Stichworte gekennzeichnet werden:

Kindheit – äußere Integration in die Gemeinschaft;
Jugend – Integration in die geistige Welt;

[17] Siehe das Schema auf S. 11.

Junge Mannes- und Frauenzeit – Dienst am Werk;
Reife Mannes- und Frauenzeit – Führung, Vorbild;
Alter – Glaube an den Sinn des Lebens.

Für das Glaubenkönnen ergeben sich folgende Konsequenzen: Eine Frucht solcher Überschau ist, daß das Menschliche mit seiner ganzen Entfaltungsmöglichkeit in den Blick kommt. Alle Entwicklungsstufen werden als vorläufig und relativ im Hinblick auf das Ziel gesehen und verlieren ihre aktuelle Schärfe. Die volle Entfaltung des Menschlichen wirkt anziehend. Der einseitig fixierte Blick auf die biologische Linie des Alterns löst sich und wird frei für die viel wichtigere Entfaltung des Geistigen. Die seelische Haltung steht nicht reserviert den biologischen Tatsachen gegenüber, sondern nimmt diese auf in den großen Zusammenhang des menschlichen Ganges durch die Altersstufen. Die geistige Bewegung vereinigt sich mit der biologischen Strömung. Während das seelische Zurückschrecken vor dem Alter auch dem freien Fließen des Biologischen Schwierigkeiten macht und die Gesundheit beeinträchtigt, wirkt die bewußte Annahme der Altersstufen fördernd und befreiend auf den rein biologischen Gang der Gesundheit ein.

Die Freude an der vollen Entfaltung des Menschlichen wirkt sich im Zusammenleben der Menschen aus in der Suche nach reifen Gesprächspartnern, mit denen es um viel tiefere Dinge geht als im üblichen intellektuellen Gespräch. Ob von hier aus nicht auch ein Licht auf die Beziehung zu Gott fällt? Daß Gott reife Menschen für ein Gespräch sucht? Daß die Christen heranwachsen sollen von »Kindern Gottes« zu »Söhnen und Töchtern« – mit denen er reden kann, die ihn verstehen, nicht bloß intellektuell, sondern durch Lebensreife? Man kann sich vorstellen, daß der Vater im Gleichnis vom verlorenen Sohn sich beim Festmahl über den nun verständigeren, reiferen Sohn freute und daß er gern mit ihm über Dinge sprach, zu deren Verständnis Welterfahrung gehört. Der reife Mensch als Gesprächspartner Gottes – das erweitert das Gottesbild.

In der Richtung, in die die Entfaltung des Humanum weist, ist auch Gott zu suchen: Der Schöpfer des Menschen, der Ihm »ähnlich« ist. Zur Vollkommenheit (Mt 5,48) gehört nicht nur ethische Vollkommenheit, sondern auch humane Vollständigkeit. Für die christliche Lebenslehre folgt daraus, daß Erziehung und Selbsterziehung nicht nur anleiten sollen zur ethischen Vollkommenheit, sondern auch zur natürlichen Vollständigkeit, d. h. zur vollen Entfaltung der menschlichen Natur.

Das Steckenbleiben in einer Altersstufe erscheint damit als ein Versagen vor einer Erwartung Gottes. Die Entfaltung unserer Natur zur Vollständigkeit ist eine von ihm gegebene Aufgabe (welche die Moraltheologie unter die Selbstliebe einordnet). Das schuldhafte Steckenbleiben muß demnach nachgeholt werden, denn was geschaffen ist, ist auch zur vollen Entfaltung gerufen. Von hier aus fällt Licht auf das Fegfeuer, besser Reinigungsort genannt (Purgatorium), das nicht nur ein »Sühne«-Ort ist für Sündenstrafen, sondern auch der Reifungsort für die volle Entfaltung des Menschen[18]. Je mehr der Mensch Mensch ist, desto mehr ist er capax Dei, entspricht er

[18] Vgl. dazu: *Ladislaus Boros,* Der neue Himmel und die neue Erde, in: Wort und Wahrheit, 1964, S. 263–279.

der Erwartung Gottes, wird er Gegenüber und Partner Gottes, ist er Element der erlösten Menschheit, die heranreifen soll zum »Vollalter Christi« (Eph 4,13).

Über die Altersstufen nachzudenken veranlaßt den Menschen, über sich und seine Gegenwart hinauszuschauen und sich im Zusammenhang sehen zu lernen. Die Absolutheit des Gegenwärtigen wird relativiert, man sieht sich als Teil der großen Bewegung der Generationen, die unaufhaltsam wie ein Strom dahinfließt. Selbstverständlich wird dadurch das naive Lebensgefühl, besonders junger Menschen gestört. Die Unbefangenheit der ersten Naivität geht verloren, jedoch wird dafür größere Bewußtheit eingetauscht. Sie ist notwendig für alle, die mit Menschenführung zu tun haben: Lehrer, Ärzte, Psychologen, Politiker, Priester. Bei jungen Priestern müßte während der Ausbildung solche Erweiterung der Bewußtheit angebahnt werden. Eine überbelichtete, zu sehr reflektierende Haltung der jungen Menschen wird dabei wohl Durchgang sein, hinter dem sie mit vertiefter Erkenntnis für Zusammenhänge in den ersten Jahren der Berufserfahrung eine neue Sicherheit gewinnen werden. Ihre Standfestigkeit gründet so auch auf dem Wissen vom allgemeinen Gang des Menschen durch die Altersstufen.

Die Erfahrung der Relativität des Gegenwärtigen dringt konkret ins Gefühl, wenn bedacht wird, daß die gegenwärtige Generation genauso »abserviert« wird wie jede vorherige. Die Folge sollte das bewußte Hineinstellen in die Ablösung der Generationen sein. Jeder ist Element der Menschheit – aber er nimmt als solcher auch Teil an der Erlösung der Menschheit. Die Erlösungstat Christi wird neu gesehen als »kosmisches Ereignis«, das freilich jeder ein-